BEI GRIN MACHT SICH IHR
WISSEN BEZAHLT

- Wir veröffentlichen Ihre Hausarbeit,
  Bachelor- und Masterarbeit

- Ihr eigenes eBook und Buch -
  weltweit in allen wichtigen Shops

- Verdienen Sie an jedem Verkauf

Jetzt bei www.GRIN.com hochladen
und kostenlos publizieren

Kim Wildauer

Investition - Investitionsrechnung an einem Beispiel

GRIN Verlag

Bibliografische Information der Deutschen Nationalbibliothek:

Die Deutsche Bibliothek verzeichnet diese Publikation in der Deutschen National-
bibliografie; detaillierte bibliografische Daten sind im Internet über http://dnb.d-
nb.de/ abrufbar.

Impressum:

Copyright © 2011 GRIN Verlag GmbH
Druck und Bindung: Books on Demand GmbH, Norderstedt Germany
ISBN: 978-3-656-11045-3

Dieses Buch bei GRIN:

http://www.grin.com/de/e-book/187506/investition-investitionsrechnung-an-einem-
beispiel

GRIN - Your knowledge has value

Der GRIN Verlag publiziert seit 1998 wissenschaftliche Arbeiten von Studenten, Hochschullehrern und anderen Akademikern als eBook und gedrucktes Buch. Die Verlagswebsite www.grin.com ist die ideale Plattform zur Veröffentlichung von Hausarbeiten, Abschlussarbeiten, wissenschaftlichen Aufsätzen, Dissertationen und Fachbüchern.

Besuchen Sie uns im Internet:

http://www.grin.com/

http://www.facebook.com/grincom

http://www.twitter.com/grin_com

„Investition"

BWL09: Unternehmensplanspiel

INVESTITION

„ Führen Sie eine Investitionsrechnung für eine von Ihrem Unternehmen getätigte Investition durch (jeweils eine statische und eine dynamische)! Bewerten Sie das Ergebnis!"

Inhaltsverzeichnis

1. Einleitung

1.1. Problemstellung

„Eine Investition in Wissen bringt immer noch die besten Zinsen"[1] sagte einst Benjamin Franklin.[2] Und dieses Zitat trifft heute immer noch zu. Heutzutage müssen Unternehmen laufend Entscheidungen für oder gegen bestimmte Investitionen treffen, dabei spielt es keine Rolle ob es eine Investition in Wissen oder in einen Gegenstand ist. Die Beurteilung der Vorteilhaftigkeit des jeweiligen Vorhabens durch die Entscheidungsträger ist die notwendige Grundlage für die Umsetzung. Wenn sich dieses Urteil auf ein systematisches Vorgehen stützen soll, welches auch die Vergleichbarkeit mehrerer Alternativen untereinander gewährleistet, so ist es möglich, dass sich der Entscheider an den Instrumenten der Investitionsrechnung bedient, um die Vorteilhaftigkeit der Instrumente zu ermitteln. In zusammengefasster Form wird dieses Thema im Rahmen dieser Ausarbeitung theoretisch dargestellt.

1.2. Ziel und Vorgehensweise

In dieser Arbeit wird sich aufgrund des Umfangs auf die Betrachtung unter Sicherheit eingesetzter Partialansätze der Investitionsrechnung beschränkt. Auch wenn in der Praxis, die Mehrzahl der Entscheidungen unter Berücksichtigung von Unsicherheit getroffen werden, wird diese Thematik hier nicht weiter thematisiert. Diese Arbeit konzentriert sich aus diesem Grunde auf die quantifizierbaren Auswirkungen von Investitionsentscheidungen, auf die qualitativen Folgen wird daher nicht weiter eingegangen. Der Fokus dieses Assignments liegt auf den Verfahren der eigentlichen Investitionsrechnung. Ergänzende Analysen wie z.B. die Amortisationsrechnung zählen nicht dazu und werden somit nicht erwähnt.

Nach der Einleitung werden im zweiten Kapitel die Begriffe „Investition" und „Vorteilhaftigkeit" definiert und die theoretischen Grundlagen der statischen und dynamischen Verfahren erläutert. Dabei wird insbesondere auf die Vor- und Nachteile des jeweiligen Verfahrens eingegangen. Im nachfolgenden Kapitel steht die Bewertung einer Investition am Beispiel des Kaufs der Anlage Typ B durch das Unternehmen U1 im Mittelpunkt. Dies beinhaltet, dass zwei ausgewählte Verfahren, Rentabilitätsvergleich- und Kapitalwertrechnung, am Beispiel einer Planspielinvestition angewendet und im Anschluss auf ihre Vorteilhaftigkeit hin untersucht werden.

---

[1] Franklin, Benjamin; http://www.zitate.de/kategorie/Bildung/ Abgerufen und Ausgedruckt am 22.11.2011
[2] Benjamin Franklin (1706-90), amerikanischer Politiker, Schriftsteller und Naturwissenschaftler, 1776 Mitunterzeichner der amerikanischen Unabhängigkeitserklärung.

Abschließend folgt die Interpretation der Ergebnisse. Das Fazit, eine kurze Zusammenfassung der Thematik, schließt diese Arbeit im vierten Kapitel ab.

2. Theoretische Grundlagen und Begriffsbestimmungen

2.1. Definition Investition

Um einen Einstieg in die Thematik zu erhalten werden im Folgenden die einzelnen erforderlichen Begrifflichkeiten näher erläutert. Je nach Blickwinkel aus dem die Definition heraus erfolgt, haben sich verschiedene Begriffe der Investition herausgebildet. Es existiert noch keine einheitliche Begriffsauslegung. Eine knappe Definition gibt Günter Wöhe.[3] Für ihn ist eine „Investition einfach die Verwendung von finanziellen Mitteln."[4] In diesem Referat wird unter Investition eine betriebliche Tätigkeit, welche zu unterschiedlichen Zeitpunkten Ein- und Auszahlungen verursacht – beginnend mit einer Auszahlung, verstanden.[5] Hierbei handelt es sich um den zahlungsorientierten Investitionsbegriff, um „die relevanten Größen für die Bewertung von Investitionshandlungen in Bezug auf monetäre Ziele zu erfassen."[6]

2.2. Definition und Begriff der Vorteilhaftigkeit

Beim Begriff der Vorteilhaftigkeit einer Investition kann zwischen absoluter und relativer Vorteilhaftigkeit unterschieden werden. Unter der absoluten Vorteilhaftigkeit einer Investition wird ihre Eignung verstanden, zum Erreichen der Unternehmensziele beizutragen. Die Betrachtung beschränkt sich dabei auf die monetären Ziele.[7] Der Begriff gibt somit Auskunft darüber ob eine Investition überhaupt als Alternative für ein Unternehmen in Frage kommt.

Wenn eine Investitionsalternative im Vergleich zu einer anderen Investitionsmöglichkeit wirtschaftlicher ist liegt eine relative Vorteilhaftigkeit vor. Wenn sich zwei oder mehr Investitionen durch absolute Vorteilhaftigkeit als mögliche Alternativen für das Unternehmen qualifiziert haben, so ist diejenige relativ vorteilhaft, die den größeren Beitrag zur Erreichung der Unternehmensziele beisteuert. In der Praxis wird die Investition mit der größten Vorteilhaftigkeit durchgeführt.[8]

---

[3] Günter Wöhe (1924 – 2007), war ein deutscher Ökonom und gilt als Koryphäe der Betriebswirtschaftslehre.
[4] Witte, Hermann; München 2007, S. 226
[5] vgl. Kruschwitz, Lutz; München 2007, S. 4
[6] Gugel, Wolf; Ehningen bei Böblingen, 1992, S. 11
[7] vgl. Brüggemann, Timo; Norderstedt 2005, S. 54
[8] vgl. Müller, Claudia Dr.; Investitionsrechnung, Leoben, 2005/2006, S. 4

4

2.3. Verfahren der Investitionsrechnung

2.3.1. Statische Verfahren

Alle statischen Ansätze bauen auf den Daten der Kosten- und Leistungsrechnung auf. Dazu wird mit fiktiven Werten einer Durchschnittsperiode gearbeitet, welche möglichst repräsentativ für die getätigte Investition sein sollte. Die zeitliche Verteilung der aus der Investition resultierenden Zahlungen finden infolge der Durchschnittsbildung keinerlei Berücksichtigung.[9] Die Kostenvergleichs-, die Gewinnvergleichs- und die Rentabilitätsvergleichsrechnung zählen zu den statischen Verfahren der Investitionsrechnung.

Vorteile dieser Methode

Als Vorteil der statischen Verfahren ist der geringe Aufwand der Datenbeschaffung, die leichte Verständlichkeit der Methodik sowie die einfache Interpretierbarkeit ihrer Ergebnisse zu nennen. Der Grund hierfür ist zumeist dass die Größen des betrieblichen Rechnungswesens die Basis dieser Berechnungen bilden.[10] Darüber hinaus wird häufig auch die geringe Anforderung, die in mathematischer Hinsicht an den Anwender gestellt wird, sowie der damit verbundene niedrige Zeitaufwand bei der Durchführung als vorteilhaft gesehen.[11]

Nachteile dieser Methode

An den statischen Verfahren ist hauptsächlich die Durchschnittsbildung zu kritisieren, da sie die zeitliche Struktur, in den die Zahlungen anfallen, ausblenden. Daraus folgt, dass die Gegenwartspräferenz des Investors vernachlässigt wird, was bedeutet das der Mehrzahl der Investoren eine Zahlung heute lieber ist, als eine Zahlung in gleicher Höhe, die erst in der Zukunft erfolgt. Hierbei findet also die Zielsetzung der Investoren nicht ausreichend Zuwendung.[12]

Des Weiteren gehen diese Verfahren von der Annahme des exakt gleichen Kapitaleinsatzes und der gleichen Nutzungsdauer der zu vergleichenden Investitionsalternative aus, was als nachteilig zu bewerten ist. Wenn man von einem bestimmten Startkapital des Investors ausgeht, führen unterschiedliche Anschaffungskosten und Nutzungsdauern in unterschiedlichen Zeiträumen zu Summen freien Kapitals und somit zur Frage nach deren Verwendung.

---

[9] vgl. Zimmermann, Gebhard; München 2003, S. 20
[10] vgl. Mensch, Gerhard; München 2002, S. 64
[11] vgl. Götze, Uwe; Berlin 2008, S. 66ff
[12] vgl. Kruschwitz, Lutz; München 2007, S. 42

2.3.2. Dynamische Verfahren

Die dynamischen Verfahren basieren auf den tatsächlichen Ein- und Auszahlungen einer Investition. Des Weiteren wird die zeitliche Komponente hier explizit mit einbezogen. Durch Auf- und Abzinsung der Zahlungen auf einen einheitlichen Zeitpunkt werden die jeweiligen Zahlungen vergleichbar.[13] Dem verwendeten Kalkulationszins kommt eine besondere Bedeutung zu, denn er entscheidet über den Aussagegehalt der Ergebnisse dieses Verfahrens. Die Kapitalwert-, die Annuitätenmethode sowie die Methode des internen Zinssatzes zählen zu den dynamischen Verfahren.

Vorteile dieser Methode

Der Vorteil dieser Methoden liegt in ihrer Verfahrensweise, da sie durch die Verwendung von Ein- und Auszahlungen eine realitätsnahe Beurteilung der monetären Konsequenzen einer Investition ermöglichen und sie die Gegenwartspräferenz des Investors einbeziehen, indem sie dem Anfall der Zahlungen im Zeitverlauf berücksichtigen. Damit begegnen sie den wesentlichen Nachteilen der statischen Verfahren.

Nachteile dieser Methode

Dennoch weist auch diese Methode Probleme auf, vor allem in Bezug auf Prämissen die den Kapitalmarkt betreffen. Denn die dynamischen Verfahren setzten einen vollständigen und vollkommenen Kapitalmarkt voraus. Das bedeutet nichts anderes als das es genau einen Zinssatz, dem allen bekannt ist, gibt, zu dem sowohl Geldanlage als auch Geldaufnahme in beliebigem Umfang möglich sind. Je nach betrachtetem Markt können diese Prämissen unterschiedlich realistisch sein.[14]

Häufig wird als Nachteil auch die Wiederanlageprämisse genannt, welche unterstellt das frei-werdendes Kapital zum Kalkulations- bzw. internen Zins angelegt werden kann.[15] Insbesondere bei der Zinsfußmethode entbehrt dies einer ökonomischen Grundlage. Ferner ist aufzuführen, dass die Datenermittlung und die Berechnung bei dynamischen Verfahren mit einem höheren Aufwand verbunden sind.

---

[13] vgl. Götze, Uwe; Berlin 2008, S. 66ff
[14] vgl. Heidorn, Thomas; Wiesbaden 2006, S. 9f
[15] vgl. Götze, Uwe; Berlin 2008, S. 82ff

3. Bewertung einer Investition

3.1. Isolation der Investition

Um mit der eigentlichen Beurteilung der Investition beginnen zu können, müssen zuerst die ihr zurechenbaren Größen aus dem Gesamtzusammenhang des Unternehmens isoliert werden. Dazu werden folgende Annahmen getroffen:

- Es handelt sich bei der Anlage B um eine Erweiterungsinvestition, d.h. die Anlage A muss zuerst voll ausgelastet sein, bevor die zweite zum Einsatz kommt.
- Die Material-, Personal- und sonstigen Kosten sind direkt mit dem Absatz verknüpft und werden als Schlüssel für die Verteilung verwendet.
- Die Lager- und Finanzierungsaufwendungen wurden nicht aufgerechnet.
- Sämtliche Aufwendungen sofern nicht aus dem Planspielunterlagen ersichtlich werden als zahlungswirksam zum Ende der Periode ihrer Entstehung aufgefasst.

Der sich nach diesen Prämissen der Produktionsanlage Typ B zuweisbare Absatz ergibt sich wie folgt und kann im Anhang 1 nachvollzogen werden.

Periode 5	Flurförderfahrz.	Service	Projekte	Summe
Typ B zuweisbarer Zielgrößenanteil	1.927,09	8.636,20	7,17	
(auf ganze Stückzahlen gerundet)	1.927	8.636	7	

Periode 6	Flurförderfahrz.	Service	Projekte	Summe
Typ B zuweisbarer Zielgrößenanteil	3.008,32	14.390,52	16,52	
(auf ganze Stückzahlen gerundet)	3.008	14.391	17	

Tabelle 1: Zuweisbarer Zielgrößenanteil

Bei dieser Darlegung wurden nur Daten aus den Perioden p5 und p6 berücksichtigt. Gründe für diese kurze Betrachtungsweise sind:

- Erst in der Periode 5 wurde eine Investition, Kauf einer neuen Anlage Typ B, getätigt. Dies war erforderlich, da eine vorhandene Anlage nur noch eine Restlaufzeit von einem Jahr aufwies und die Unternehmung auf die Produktion von Produkten und Serviceverträgen für einen Großabnehmer spekulierte.
- Das Unternehmen U1 verfügte in den vorherige Perioden über ausreichende Auslastung der bereits vorhandenen Anlagen, so dass eine Investition nicht erforderlich war. In der Periode 4 entschied sich die Geschäftsführung für ein Leasing der Anlage Typ C, allerdings

stellt Leasing keine Investition im Sinne unserer vorher festgelegten Definition einer Investition dar. (Siehe Kapitel 2.1.)

Die oben genannten Werte dienen nun als Grundlage für die Rentabilitätsvergleichs- und Kapitalwertrechnung.

3.2. Anwendung zweier Vergleichsrechnungen

3.2.1 Rentabilitätsvergleichsrechnung

Wie bereits in Kapitel 2.3.1 erwähnt, zählt die Rentabilitätsvergleichsrechnung zu den statischen Verfahren. Im Folgenden wird dieses Verfahren auf unsere Investition angewandt. Von einem Vergleich kann hier nicht gesprochen werden, da nur eine Investition beurteilt wird. In Augenschein wird die Vorteilhaftigkeit der Investition genommen. Dies ist der Fall, wenn die Rentabilität positiv ist. Ab gesehen davon, sollte sie höher als ein etwaiger Finanzierungszins sein.

Unter Berücksichtigung der in Kapitel 3.1. genannten Prämissen ergibt sich folgendes Ergebnis der Rentabilitätsvergleichsrechnung, die im Anhang 2 nachvollzogen werden kann.

Durchschnittlicher Gewinn (ex Zinsen und Steuern):	21.081.434,92
Durchschnittlich gebundenes Kapital:	18.000.000,00
Rentabilität:	**117,12%**

Tabelle 2: Rentabilitätsvergleichsrechnung

$$Rentabilitaet = \frac{Gewinn}{durchschnittlicher\ Kapitaleinsatz} * 100$$

Bei abnutzbaren Anlagegütern:

$$durchschnittlicher\ Kapitaleinsatz = \frac{Anschaffungskosten + Restwert}{2}$$

3.2.2. Kapitalwertrechnung

Nachdem mit der Rentabilitätsvergleichsrechnung, einem statischen Verfahren, eine Rentabilität von 117,12% erzielt wurde, wird nun mithilfe der dynamischen Methode, genauer der Kapitalwertrechnung, die Investition erneut berechnet. Diese Methode gilt in der Praxis schon wegen der realistischeren Wiederanlageprämisse als vorherrschendes Verfahren.

Bei der Wahl des Kalkulationszinssatzes wird jeder Periode der aktuelle Zinssatz zugewiesen. Im Folgenden wird die konkrete Berechnung des Barwerts dargestellt:

Periode	P5	P6
Finanzierung:	Kurzfristige Darlehen	Kurzfristige Darlehen
Zinssatz:	6,0%	9,0%
Diskontfaktor:	0,943396226	0,865501125
Cashflow:	-1.117.717,36	27.845.346,69
Barwert Investitionsbeginn	-1.054.450,34	24.100.178,89
Kapitalwert:	-1.054.450,34	23.045.728,55

Tabelle 3: Kapitalwertrechnung

$$\text{Kapitalwert} = \sum_{t=1}^{n} C_t * \frac{1}{(1 + i_t)^t} - I$$

I	Investition
C_t	Cashflow in Periode t
i_t	Zinssatz in Periode t
n	Anzahl der Perioden

Im Anhang 3 kann die Errechnung des zurechenbaren Cashflows der Anlage Typ B nachvollzogen werden.

3.3. Interpretation der Ergebnisse

Bevor die Ergebnisse interpretiert werden können, wird die Entscheidungsgrundlage für den Kauf der Anlage Typ B: B.5.1. kurz dargelegt. Die Investition war für das Unternehmen U1 notwendig, da das Unternehmen in Periode 5 auf den Zuschlag des Großabnehmers (400 Produkte und 6.000 Serviceverträge) abgezielt hatte. Außerdem war dem Unternehmen U1 bekannt, dass die Anlage Typ B: B.-1.1. in derselben Periode die Restlaufzeit erreichen würde.

Obwohl in Periode 5 genügend Kassenbestand vorhanden war, hat sich das Unternehmen U1 für einen kurzfristigen Kredit in Höhe des Anschaffungspreises entschieden, um gegebenenfalls Engpässe aufzufangen. Von einem kurzfristigen Kredit wird gesprochen, wenn dieser innerhalb von einem Jahr zurückgezahlt wird. Als Zinssatz wurde mit 6% kalkuliert, da die Investitionshöhe geringer als das vorhandene Eigenkapital im Anschaffungsjahr war.

Nachdem am Beispiel der Anlage Typ B zwei unterschiedliche Investitionsrechenverfahren angewandt wurden folgt nun die Interpretation der Ergebnisse.

Das Unternehmen U1 hat erst in Periode 5 eine Investition getätigt, so dass im Rahmen dieses Assignments nur eine Betrachtung über zwei Perioden möglich ist. Das hat zur Folge dass die Bewertung bzw. Interpretation auch nur über diese beiden Perioden vorgenommen werden kann und das Ergebnis unter Umständen nicht repräsentativ genug ist. Aufgrund der geringen Anzahl der Perioden kann der Einsatz der Anlage schwer beurteilt werden. Dadurch ist auch die Aussagekraft der Rentabilität nur bedingt möglich.

Mithilfe der Rentabilitätsvergleichsrechnung liefert das Unternehmen U1 eine Rentabilität von 117,12% und einen Barwert in Höhe von 23.045728 €, welche mittels Kapitalwertmethode errechnet wurde. Beide Methoden, sowohl nach statischem als auch nach dynamischen Verfahren, beurteilen die Investition in die Anlage des Typ B als positiv. Somit kann die Durchführung bereits nach zwei zu beurteilenden Perioden als sinnvoll bewertet werden.

Mittels der Rentabilitätsvergleichsrechnung lässt sich erkennen, ob die vom Investor gewünschte Mindestverzinsung bei dem zu bewertenden Projekt erreicht wird. Hierbei wird sich in der Regel für die Investition mit der höchsten Rentabilität entschieden.

Grundsätzlich gilt bei der Kapitalwertmethode eine Investition dann als vorteilhaft, wenn ihr Kapitalwert größer als Null ist. Das bedeutet, dass der Investor sein eingesetztes Kapital zurück erhält inklusive höherer Verzinsung der ausstehenden Beträge.[16] Das Unternehmen U1 hat in der Periode 5 einen Kapitalwert in Höhe von -1.054450 € erzielt, damit ist der Kapitalwert kleiner Null. Die Verzinsung des eingesetzten Kapitals zum Kalkulationszinssatz kann bei der Investition nicht gewährleistet werden. Unter Berücksichtigung dass der Kauf in dieser Periode getätigt wurde, ist ein negativer Kapitalwert jedoch nicht ungewöhnlich, da die Kosten des Erwerbs voll berücksichtigt wurden. In der Periode 6 jedoch ist ein Kapitalwert in Höhe von 23.045728 € ermittelt worden, so dass sogar schon nach zwei Perioden ein positives Ergebnis erzielt wurde und damit der Kauf der Anlage des Typ B durchaus sinnvoll für das Unternehmen U1 war. Unter Voraussetzung dass das Unternehmen U1 ähnlich weiter produzieren würde, würde die Anschaffung langfristig durchaus rentabel sein.

---

[16] vgl. Loy, Artur: Renningen 2006, S. 69

Der Erfolg des Unternehmens U1, liegt aus investitionsrechnerischer Perspektive an der umsichtigen Planung und Berücksichtigung sämtlicher Wechselwirkungen während der Planspielrunden.

4. Fazit

Ziel dieser Arbeit war es kurz die gebräuchlichsten Verfahren der Investitionsrechnung zu erläutern und dabei auf die Vor- und Nachteile der statischen und dynamischen Verfahren näher einzugehen. Außerdem sollten mithilfe der Daten aus dem Unternehmensplanspiel, eine im Unternehmen getätigte Investition, mittels eines statischem und eines dynamischem Verfahrens errechnet und das Ergebnis interpretiert werden.

Die Unternehmen müssen heutzutage ständig Entscheidungen über Investitionen treffen. Manchmal handelt es sich nur um kleine Summen, da fallen Entscheidungen für oder gegen einen Investition einfach. Häufig jedoch sind die finanziellen Mittel die für die Investition benötigt werden enorm, so dass eine Entscheidung aus dem Bauch heraus unter keinen Umständen sinnvoll wäre. Mithilfe der Investitionsrechnung soll unter anderem die Vorteilhaftigkeit einer Investition begründet werden. Außerdem soll sie bei der Auswahl zwischen mehreren Alternativen zur Entscheidungsfindung beitragen.

Das Unternehmen U1 hat ein gutes Gesamtergebnis abgeliefert und hat zur richtigen Zeit den Kauf einer neuen Anlage getätigt, so dass bereits nach der zweiten Periode ein positiver Kapitalwert erzielt wurde und sich damit die Investition nach Art der Kapitalwertmethode rentiert hat. Auch die Rentabilitätsvergleichsrechnung weist ein überaus positives Ergebnis aus. Da nur 6 Perioden im Planspiel gespielt wurden fällt eine langfristige Bewertung der Investition leider aus.

Unter der Voraussetzung dass das Unternehmen ähnlich weiter produziert und einen ähnlichen Absatz aufweist, würde auch die langfristige Betrachtung zu einem ähnlichen Ergebnis kommen.

II. Literaturverzeichnis

Brüggemann, Timo

Computer Aided Facility Management und Contracting
Norderstedt 2005

Götze, Uwe

Investitionsrechnung: Modelle und Analysen zur Beurteilung
von Investitionsvorhaben
6. durchgesehene und aktualisierte Auflage
Berlin 2008

Gugel, Wolf

Wissensbasiertes Entscheidungsunterstützungssystem für
Investitionsplanung und Investitionskontrolle in der
Textilindustrie
Ehningen bei Böblingen 1992

Heidorn, Thomas

Finanzmathematik in der Bankpraxis: Vom Zins zur Option
Wiesbaden 2006

Kruschwitz, Lutz

Investitionsrechnung
11. Auflage
München 2007

Loy, Artur

Consultative Value Selling. Mehrwertorientierte
Kundenberatung
Renningen 2006

Mensch, Gerhard

Investition: Investitionsrechnung in der Planung und
Beurteilung von Investitionen
München 2002

Müller, Claudia Dr.

Investitionsrechnung
Leoben, 2005/2006

Witte, Hermann

Allgemeine Betriebswirtschaftslehre: Lebensphasen des
Unternehmens und betriebliche Funktionen
München 2007

Zimmermann, Gebhard

Investitionsrechnung: Fallorientierte Einführung
2. erweiterte und aktualisierte Auflage
München 2003

III. Internetquellen

Franklin, Benjamin

http://www.zitate.de/kategorie/Bildung/
Abruf 22.11.2011 Ausdruck 22.11.2011

IV. Anhang

Anhang 1: Zielgrößenanteil Anlage Typ B

Kapazität Typ A:	10.000,00	(primärer Einsatz)
Kapazität Typ B:	5.000,00	(Nutzung ab Kapazitätsgrenze Typ A)

Periode 5	Flurförderfahrz.	Service	Projekte	Summe
Umsatz	108.396.300,00	87.579.000,00	24.650.000,00	220.625.300,00
Durchschnittspreis	14.530,00	2.600,00	850.000,00	
Zielgröße	7.797,00	34.942,00	29,00	
Maschinenbeanspruchung pro Stück	1,00	0,20	10,00	
benötigte Kapazität	6.957,00	6.031,00	295,00	13.283,00
verfügbare Kapazität				15.000,00
Erfüllbarkeit der benötigten Kapazität				100,00%
prozentualer Kapazitätsanteil Typ B				24,72%
Typ B zuweisbarer Zielgrößenanteil	1.927,09	8.636,20	7,17	
(auf ganze Stückzahlen gerundet)	1.927	8.636	7	

Periode 6	Flurförderfahrz.	Service	Projekte	Summe
Umsatz	135.746.608,00	108.175.872,00	45.670.000,00	289.592.480,00
Durchschnittspreis	14.501,00	2.552,00	942.500,00	
Zielgröße	9.472,00	45.310,00	52,00	
Maschinenbeanspruchung pro Stück	1,00	0,20	10,00	
benötigte Kapazität	7.962,00	7.275,00	506,00	15.743,00
verfügbare Kapazität				15.000,00
Erfüllbarkeit der benötigten Kapazität				95,28%
prozentualer Kapazitätsanteil Typ B				33,33%
Typ B zuweisbarer Zielgrößenanteil	3.008,32	14.390,52	16,52	
(auf ganze Stückzahlen gerundet)	3.008	14.391	17	

13

Anhang 2: Kosten- und Leistungsrechnung Anlage Typ B

	Periode 5				Periode 6			
	Flurförderfahrz.	Service	Projekte	Summe	Flurförderfahrz.	Service	Projekte	Summe
Zielgrößen:	7.797	34.942	29		9.472	45.310	52	
Typ B zuweisbare Zielgrößen:	1.927	8.636	7		3.008	14.391	17	
Materialeinzelkosten:	60.956.380,62	28.483.151,15	6.734.174,04		78.278.529,56	41.771.432,53	18.098.700,51	
Typ B zuweisbare Materialeinzelkosten	15.065.146,27	7.039.679,85	1.625.490,29	23.730.316,40	24.858.722,23	13.267.108,49	5.916.882,86	44.042.713,57
Personalkosten:	7.503.946,61	8.350.250,62	10.322.574,77		6.823.880,60	7.994.325,36	14.166.750,04	
Typ B zuweisbare Personalkosten:	1.854.572,93	2.063.784,68	2.491.655,98	6.410.013,59	2.167.043,16	2.539.093,72	4.631.437,51	9.337.574,39
Typ B Abschreibungen:	982.628,01	793.916,20	223.455,79	2.000.000,00	937.500,92	747.090,34	315.408,74	2.000.000,00
Abschreibungen Gebäude:				1.000.000,00				1.000.000,00
Typ B zuweisbare Abschreibungen Gebäude:	121.432,20	98.111,38	27.614,45	247.158,02	148.875,84	118.638,50	50.087,14	317.601,47
Typ B sonstige Fixkosten:	49.131,40	39.695,81	11.172,79	100.000,00	46.875,05	37.354,52	15.770,44	100.000,00
Typ B Instandhaltung:	245.657,00	198.479,05	55.863,95	500.000,00	234.375,23	186.772,58	78.852,19	500.000,00
Externe Aufwendungen:	1.129.516,27	386.297,26	1.003.432,43		4.816.683,87	4.435.929,71	7.569.707,77	
Miete und Betriebskosten:				1.000.000,00				1.000.000,00
Sonstige Verwaltungskosten:				6.618.759,00				8.687.774,40
Vertriebskostenstelle ohne Personal:	4.750.000,00	2.750.000,00	1.000.000,00		5.000.000,00	3.000.000,00	1.000.000,00	
Vertriebskostenstelle ohne Personal - Gemeinkosten:				600.000,00				600.000,00
Sondereinzelkosten:	1.849.400,00	448.000,00	1.500.000,00		3.158.400,00	1.217.200,00	1.700.000,00	
Sonstige Kosten der Kostenstellen:				4.480.000,00				3.300.000,00
Sonstige Kosten - gesamt	7.728.916,27	3.584.297,26	3.503.432,43	12.698.759,00	12.975.083,87	8.653.129,71	10.269.707,77	13.587.774,40
Typ B zuweisbare Sonstige Kosten - gesamt	1.910.173,36	885.867,76	845.656,10	3.641.697,22	4.120.465,82	2.748.337,89	3.357.404,46	10.226.208,17
Typ B zuweisbare Sonstige Gemeinkosten - gesamt	1.542.038,21	1.245.892,75	350.669,18	3.138.600,15	2.022.891,28	1.612.033,12	680.572,77	4.315.497,17

Typ B Selbstkosten:	21.770.779,38	12.365.427,48	5.631.578,52	39.767.785,38	34.536.749,52	21.256.429,15	15.046.416,11	70.839.594,78
Typ B Selbstkosten je Stück:	11.297,76	1.431,85	804.511,22		11.481,63	1.477,06	885.083,30	
Erlös je Stück (Preis):	14.530,00	2.600,00	850.000,00		14.501,00	2.552,00	942.500,00	
Typ B Umsatzerlöse:	27.999.310,00	22.453.600,00	5.950.000,00	56.402.910,00	43.619.008,00	36.725.832,00	16.022.500,00	96.367.340,00
Typ B Gewinn (ex Zinsen und Steuern):	6.228.530,62	10.088.172,52	318.421,48	16.635.124,62	9.082.258,48	15.469.402,85	976.083,89	25.527.745,22

Anhang 3: Cashflow-Rechnung Anlage Typ B

	P5				P6			
Zeitpunkt:	Flurförderfahrz.	Service	Projekte	Summe	Flurförderfahrz.	Service	Projekte	Summe
Absatz gesamt:	7.797	34.942	29		9.472	45.310	52	
Durchschnittspreis:	14.530,00	2.600,00	850.000,00		14.501,00	2.552,00	942.500,00	
Typ B Absatz:	1.927	8.636	7		3.008	14.391	17	
Typ B Einzahlungen:	27.999.310,00	22.453.600,00	5.950.000,00	56.402.910,00	43.619.008,00	36.725.832,00	16.022.500,00	96.367.340,00
Typ B Anschaffungskosten:				20.000.000,00				
Typ B Wartungskosten:				500.000,00				500.000,00
Typ B Fixe Kosten:				100.000,00				100.000,00
Typ B zuweisbare Materialeinzelkosten	15.065.146,27	7.039.679,85	1.625.490,29	23.730.316,40	24.858.722,23	13.267.108,49	5.916.882,86	44.042.713,57
Typ B zuweisbare Personalkosten	1.854.572,93	2.063.784,68	2.491.655,98	6.410.013,59	2.167.043,16	2.539.093,72	4.631.437,51	9.337.574,39
Typ B zuweisbare Sonstige Kosten	1.910.173,36	885.867,76	845.656,10	3.641.697,22	4.120.465,82	2.748.337,89	3.357.404,46	10.226.208,17
Typ B zuweisbare Sonstige Gemeinkosten				3.138.600,15				4.315.497,17
Typ B Auszahlungen:				57.520.627,36				68.521.993,31
Typ B Überschuss / Fehlbetrag				-1.117.717,36				27.845.346,69

14